Une précédente version de cet ouvrage est parue sous les titres suivants :
Amusedoc en Égypte, 1999
Amusedoc chez les Gaulois, 2002
Amusedoc au Moyen Âge, 2000

Textes de Jeanne Petit et Cécile Marais

Éditions Flammarion (N°2082)
26, rue Racine – 75278 Paris Cedex 06
ISBN : 2-08162082-0 – Dépôt légal : août 2003
Imprimé en France par P.P.O. Graphic, 93500 Pantin – 06-2003
Loi n° 49-956 du 16 juillet 1949 sur les publications destinées à la jeunesse.

LE GRAND LIVRE-JEU DE L'HISTOIRE

Égypte

Gaule

Moyen Âge

Illustrations de Béatrice Veillon

Père Castor
Flammarion

Il y a environ 5 000 ans,
une civilisation fascinante s'installe en Égypte,
un pays situé à la croisée de l'Afrique, de l'Europe et de l'Asie.
Autour du Nil, ce fleuve majestueux, des cultivateurs s'établissent.
Puis, petit à petit, le commerce se développe et des villes naissent.

Pendant plus de 3000 ans, la civilisation égyptienne a prospéré.
Les pyramides, les temples et les objets retrouvés lors des fouilles archéologiques
nous permettent d'en savoir plus sur la vie en terre des pharaons.
Sais-tu, par exemple, qu'en 1922, un archéologue anglais
a découvert le tombeau de Toutankhâmon ?
Ce tombeau, parfaitement intact,
est une mine de renseignements sur l'Égypte ancienne.

en Égypte

LE NIL

Le Nil est un des plus grands fleuves du monde ! Il traverse l'Égypte avant de se jeter dans la mer Méditerranée.
Dans l'Égypte ancienne, celle des pharaons, la navigation sur le Nil est le principal moyen de transport.

Ce n'est pas de tout repos de tirer un bateau qui transporte une obélisque… Il faut 3 barques ! Y a-t-il autant de rameurs sur chaque barque ?

Que de bateaux sur ce fleuve! Attention… 2 bateaux à voile paraissent identiques, mais ils ont une différence entre eux. Laquelle ?
Amuse-toi à trouver les 2 bateaux exactement pareils.

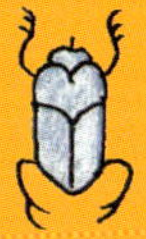

Des pêcheurs sont contents : ils ont attrapé plein de poissons dans leur filet ! Mais ils ont aussi pêché quelque chose de bizarre. Qu'est-ce que c'est ?

Cherche le bateau qui n'a pas de voile, qui transporte 3 animaux et 2 rameurs.

Et maintenant, trouve
le crocodile qui avale un canard,
tous les canards qui nagent par deux,
la personne qui est tombée à l'eau,
la femme qui cueille des nénuphars,
la barque funéraire (c'est celle qui transporte une momie).

Il y a aussi un dieu égyptien dessiné sur cette page. Il s'agit de Thot, le dieu de l'écriture : vois-tu où il est ?

LE NIL

Quel trafic sur ce fleuve ! Les bateaux sont variés et très nombreux : ils servent à transporter des passagers, mais aussi des marchandises.

Le Nil est un fleuve plein de poissons ! Les pêcheurs utilisent un matériel très perfectionné : des harpons, des filets ou des paniers qu'on appelle des nasses…

Il y a aussi énormément d'hippopotames. Les hommes les attrapent avec un lasso ! Ensuite, ils les tuent à la lance… C'est une chasse très sportive !

Les gros bateaux sont en bois. Ils peuvent porter des choses très lourdes, comme des statues ou des pierres, pour la construction des pyramides.

Les barques des pêcheurs sont souvent faites en papyrus ou en tiges de roseaux.

Les Égyptiens chassent les canards avec une sorte de boomerang en forme de serpent.

LES CHAMPS

Chaque année, au mois de juillet, l'eau du Nil déborde et recouvre les terres. C'est la crue... En novembre, c'est la décrue : l'eau se retire en laissant une terre humide et fertile sur laquelle les récoltes poussent facilement.

Trouve l'enfant avec son chien. Aide-le à rejoindre sa mère près de la maison. Attention, il ne peut marcher que sur les petits chemins au bord des champs et il doit éviter les serpents...

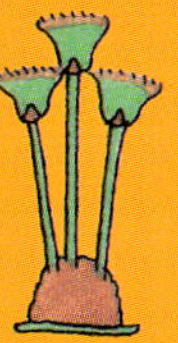

Chaque vache a une jumelle. Regarde bien leurs taches pour reformer les paires.

Il y a 3 objets qui ne pouvaient vraiment pas exister en ce temps-là ! Lesquels ?

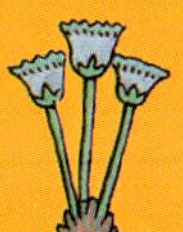

Sans compter les oies et les canards, combien y a-t-il d'espèces d'oiseaux différentes.

Vois-tu les 2 attelages qui paraissent identiques ? Pourtant, il y a 6 différences entre eux. Lesquelles ?

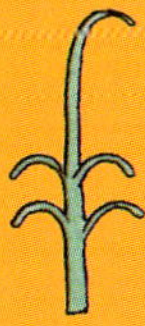

Et maintenant, trouve
les 2 fermières qui portent du raisin,
les enfants qui en mangent,
le mouton qui est seul,
l'enfant qui joue à saute-mouton,
ceux qui s'amusent avec la terre,
le singe dans l'arbre,
la personne qui fait la sieste,
et tous les animaux dangereux.

Il y a aussi Anubis, le dieu qui accompagne les morts !

LES CHAMPS

En Égypte, la plupart des habitants sont des paysans qui vivent au rythme du Nil et de sa crue. Ils travaillent toute la journée dans les champs et, pour se nourrir, ils font surtout pousser du blé et de l'orge.

Tout de suite après la décrue, les paysans labourent, puis ils sèment le blé ou l'orge. Ensuite, les animaux piétinent le grain dans le sol.

Au moment des semailles, les paysans chantent pour que les récoltes poussent bien.

Les épouvantails existent déjà ! On les met dans les champs pour chasser les oiseaux...

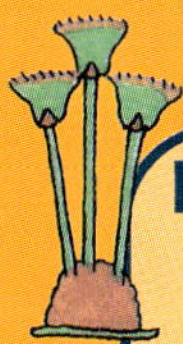

Les Égyptiens mangent beaucoup de fruits ! Ils cueillent les dattes et les figues dans les vergers, le raisin dans les vignes.

Les canaux d'irrigation sont nombreux. Ils permettent d'amener l'eau dans les champs et les vergers.

Le chadouf, c'est comme un seau à bascule. Il sert à puiser l'eau, pour l'apporter dans les canaux et les rigoles, creusés en bordure des champs...

LA VILLE

La plupart des Égyptiens vivent dans des petites maisons, à l'étroit au milieu de toute leur famille. Seuls les gens riches ont une grande maison avec un jardin entouré d'épaisses murailles.

Vois-tu les 3 Égyptiens qui font la sieste bien tranquillement, chacun sur sa terrasse ?

Quel est l'objet que l'on retrouve sur toutes les terrasses ?

Cherche les 2 ânes qui portent les mêmes légumes dans leurs paniers.

Quelles sont les 2 terrasses exactement pareilles ?

Il y en a des escaliers sur cette page ! Combien en vois-tu ?

Compte tous les chiens de cette ville. Y en a-t-il autant que de singes dans le jardin ?

Et maintenant, trouve
la maison en construction,
l'âne qui ne veut pas avancer,
la femme qui a renversé ses fruits,
l'homme qui a volé un canard,
le chat qui a trop mangé,
le petit garçon avec son chien,
ainsi que sa maman (tu as déjà vu ces 2 personnes au bord du fleuve, dans les champs !).

Et Amon, le dieu principal des Égyptiens ? Lui aussi il faut le trouver !

LA VILLE

Les rues sont étroites et animées, les artisans et les commerçants exposent leurs produits. Les Égyptiens n'ont pas d'argent, ils utilisent le troc, un système d'échange.

Les étals du marché envahissent les places et les rues. Tout se troque : les meubles, la nourriture, les tissus...

Il fait très chaud dans les ruelles poussiéreuses et bruyantes. Alors, les habitants passent beaucoup de temps sur leurs terrasses.

Les maisons des nobles sont entourées de magnifiques jardins, souvent ornés d'un bassin.

Les fenêtres sont petites et étroites pour ne pas laisser entrer le soleil. Du coup, les maisons sont assez sombres !

La plupart des maisons des villes peuvent avoir deux ou trois étages.

Alors, quand une maison s'effondre, on aplatit le sol et on reconstruit par-dessus !

Les maisons sont faites de briques de boue séchées au soleil, mais jamais cuites ! Ce n'est pas très solide...

LE TEMPLE

Les Égyptiens ont de nombreux dieux, et ils ont construit des maisons pour eux. Le temple est la maison d'un dieu, représenté par une statue si précieuse qu'on l'enferme dans une petite chapelle.

Parmi les Égyptiens qui apportent des cadeaux en offrande au Dieu, trouve les 2 femmes qui portent la même corbeille sur la tête.

Regarde les 8 sphinx à l'entrée du temple : dans chaque rangée, un est différent des autres. Lequel ?

Un drôle d'intrus s'est glissé dans la grande salle. Le vois-tu ?

Seulement 3 piliers de la grande salle sont pareils. Lesquels ?

Dans l'école, les élèves apprennent à écrire : y a-t-il autant d'enfants assis que d'enfants debout ?

Et maintenant, trouve le prêtre qui se baigne, les 2 moutons, le chien qui veut attraper un os, le lapin qui se sauve, l'élève qui arrive en retard à l'école, la tablette qu'il a perdue, le singe qui s'est échappé de la ville.

Et, pour terminer, où est le dieu Horus, le dieu protecteur des pharaons ?

LE TEMPLE

Les Égyptiens croient que les dieux ont besoin, comme les hommes, de nourriture et de vêtements. Tous les matins, dans chaque temple, les prêtres s'occupent du Dieu. Ils apportent des repas à la statue, puis ils la lavent et l'habillent...

L'arrivée au temple est très impressionnante : une allée bordée de sphinx conduit vers une porte monumentale.

Une haute muraille entoure le temple, son Lac Sacré et ses dépendances.

Seuls les prêtres peuvent circuler dans le temple.

Peu d'enfants vont à l'école !
Ceux-là deviendront des scribes,
les seuls Égyptiens à savoir lire et écrire.
Les élèves sont traités avec sévérité,
et reçoivent souvent des coups de bâton !

Les prêtres
se baignent
dans le Lac Sacré
pour être
propres et purs.

Le sanctuaire est l'appartement privé du Dieu.
C'est cette pièce qui abrite la statue.
Le prêtre offre à la statue de l'eau pure,
des vêtements, des bijoux et de la nourriture.

LE PALAIS

Le roi tout-puissant d'Égypte s'appelle un pharaon. Il est le maître du pays, et a donc beaucoup de travail. Pour se distraire, il va à la chasse, il assiste à des spectacles, et organise aussi des fêtes magnifiques avec beaucoup d'invités.

Un des gardes du pharaon tient sa lance dans la main gauche. Où est-il ?

Les danseuses sont nombreuses ! Vois-tu les 2 qui ont la même position ?

Regarde les images sur le milieu des colonnes. En partant de l'avant-dernière, remets-les dans l'ordre pour faire une grande image.

Que de musiciens dans le palais ! Combien d'instruments de musique différents peux-tu compter ?

Les beaux bouquets entre les colonnes ont tous une fleur en commun. Laquelle ?

Et maintenant, trouve
le verre renversé,
tous les enfants qui sont à la fête,
le garde qui se gratte la jambe,
le chat qui a volé un poisson,
les singes qui se promènent,
et le soldat qui a perdu sa lance.
Cherche-la !

Vois-tu la déesse Hathor, la déesse de la musique et de la danse ?

LE PALAIS

Les Égyptiens pensent que le pharaon est un Dieu vivant. Il vit dans un somptueux palais, entouré de nombreux serviteurs, de gardes et de scribes. Le pharaon est le maître du pays !

Le pharaon porte différentes couronnes, suivant les occasions. La double couronne rouge et blanche, s'appelle le pschent. Le trône est magnifique, en or massif.

Le pharaon peut épouser plusieurs femmes, mais il a une seule Grande Épouse : c'est la reine.

Le chef des scribes est un personnage très respecté. Il lit ou il écrit les lettres personnelles du pharaon.

Les invités portent des cônes de parfum sur la tête. Ceux-ci fondent durant la soirée en répandant de l'huile parfumée sur les cheveux.

Des chanteurs et des danseurs distraient les invités. On joue de la harpe, de la flûte, du luth, du tambour...

Les scribes du palais écrivent sur des grands rouleaux de papyrus. Ils n'utilisent pas un alphabet mais des hiéroglyphes, des signes représentant des sons.

LES PYRAMIDES

Les pyramides sont de gigantesques tombeaux construits par les Égyptiens pour leurs pharaons. Chaque pyramide permet de conserver le corps et l'esprit du pharaon, même après sa mort !

Sur chaque pyramide, vois-tu les 3 pierres abîmées ?

Regarde les hommes qui tirent les traîneaux en bois ; devant chaque traîneau, un Égyptien a quelque chose de différent des autres.

Cherche les porteurs d'eau : il y en a 12 et ils vont tous 2 par 2.

Les tentes ont de belles couleurs ! Sur chacune, il manque une couleur pour que les tentes aient toutes les 6 mêmes couleurs.

Un objet ne devrait pas être là. Lequel ? Il y a aussi 3 personnes qui font des choses vraiment bizarres. Lesquelles ?

Et maintenant, trouve l'ouvrier qui vient d'avoir un accident, celui qu'on aide à marcher, celui qui se fait soigner, l'architecte qui lit son plan, le serpent et les scorpions. Compte aussi les pierres sur le bateau.

Et cherche la déesse Sekhmet, la déesse patronne des médecins !

LES PYRAMIDES

Il faut plus de vingt ans pour construire de grandes pyramides !
Elles sont faites avec au moins deux millions de blocs de pierre, transportés par bateau sur le Nil.
Une pyramide peut être haute de 100 mètres, comme un immeuble de 30 étages !

À l'arrivée du bateau, les blocs sont hissés sur des traîneaux en bois, puis tirés jusqu'à l'endroit de la construction.

Les maçons taillent les blocs qui seront polis, une fois posés. À la fin de la construction, des dalles de fin calcaire blanc sont placées sur ces blocs.

Souvent, les pharaons font aussi construire une petite pyramide pour la reine.

Il fait très chaud dans le désert ! On donne régulièrement de l'eau aux ouvriers.

Pour disposer les pierres, de plus en plus haut sur la pyramide, on les tire sur une rampe construite exprès : les traîneaux montent chargés sur un côté de la rampe.

Ils redescendent vides de l'autre côté. Quand la pyramide est terminée, on démolit la rampe !

SOLUTIONS

LE NIL

non (8 ; 7 ; 8) – voir dessin – voir dessin – une amphore – voir dessin

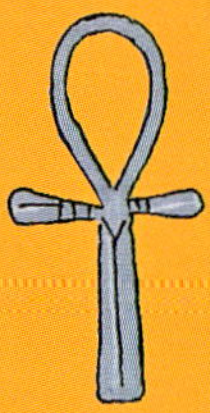

LES CHAMPS

voir dessin – voir dessin – antenne de télévision ; scooter ; marteau piqueur – 5 espèces (héron ; ibis ; grue cendrée ; corbeau ; pigeon) – cornes ; queue ; fouet ; coiffure ; yeux ; taches inversées

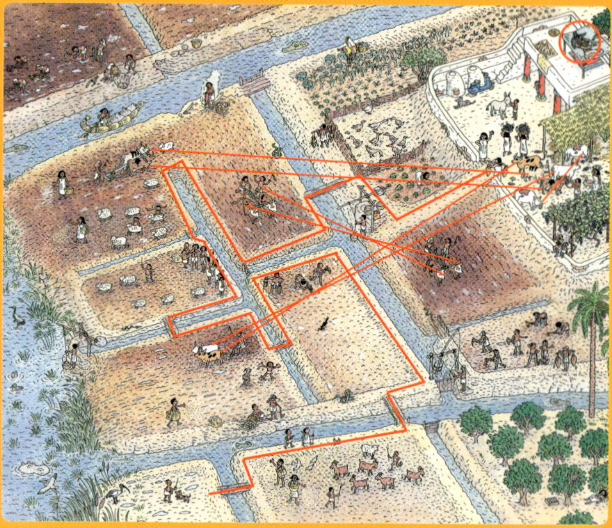

LA VILLE

voir dessin – balai – voir dessin – voir dessin – 10 escaliers – oui (6 ; 6)

LE TEMPLE

voir dessin – voir dessin – indien –
voir dessin – non (6 assis ; 7 debout)

LE PALAIS

6ème garde de la rangée de face –
voir dessin – voir dessin – 7 (cithare ;
luth ; harpe ; tambour ; tambourin ;
flûte ; trompette) – voir dessin

LES PYRAMIDES

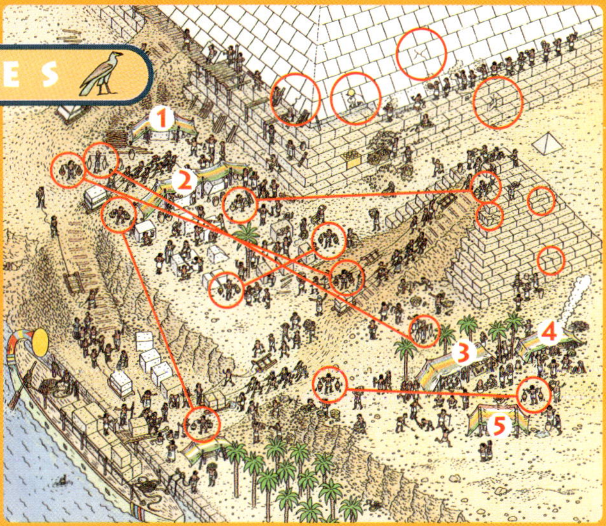

voir dessin – l'homme qui porte une jupe ;
celui qui est chauve ; celui qui porte un
bonnet rouge ; celui qui porte
des bandages ; celui qui porte une
tunique bleue – voir dessin – 1 = jaune ;
2 = rouge ; 3 = vert ; 4 = beige ; 5 = bleu –
le lego® – l'homme avec une ponceuse
électrique ; le plongeur ; l'homme
qui fait du trampoline –
13 pierres

Il y a plus de 3 000 ans,
de nombreuses tribus envahissent
une grande partie de l'Europe.
On les appelle les Celtes.
Ces cavaliers, venus de l'Est, parlent la même langue,
ils ont la même religion, et ils maîtrisent le fer.

On appelle "Gaulois" les Celtes qui habitent en Gaule,
un pays un peu plus grand que la France actuelle.
Les Gaulois forment une soixantaine de tribus qui se font souvent la guerre.
Sais-tu que c'est grâce aux fouilles archéologiques
qu'on peut raconter, maintenant,
comment vivaient les Gaulois autrefois ?

en Gaule

À LA CAMPAGNE

60 ans avant Jésus-Christ, une grande partie du pays est recouverte de forêts et de marécages. La plupart des Gaulois vivent du travail de la terre et de l'élevage. Ce sont d'excellents cultivateurs de céréales comme le blé, l'orge ou le seigle, mais ils font aussi pousser des lentilles et des pois chiches… Grâce au travail du fer, ils fabriquent des outils de plus en plus perfectionnés, et les récoltes sont meilleures.

Regarde bien l'image, et trouve tout ce qui ne peut pas dater de l'époque des Gaulois.

Cherche le père, la mère et les deux enfants de la même famille. Ils ont tous des vêtements pareils !

Vois-tu les porcs qui ressemblent à des sangliers ? Ceux en liberté sont-ils aussi nombreux que ceux enfermés dans l'enclos ?

Combien de sortes d'animaux différents comptes-tu ?

Retrouve l'enfant qui porte un panier : il a perdu un pain, deux pommes et un saucisson. Aide-le à tout retrouver !

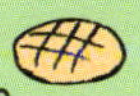

Et maintenant, trouve le petit enfant avec son chien, l'homme qui revient de la chasse, celui en train de déboiser, celui qui utilise sa charrue, la femme qui travaille l'osier, les personnes qui fauchent.

Il y a aussi de nombreux tonneaux. En retrouveras-tu 10 ?

À LA CAMPAGNE

Pour rendre les terres cultivables et agrandir leurs villages, les Gaulois assèchent des marécages et déboisent des forêts. Ils habitent dans des fermes isolées ou dans des petits villages de huttes, au milieu des forêts ou près des rivières. Ils élèvent de la volaille, des moutons, des chevaux, des chèvres et surtout des porcs.

Les Gaulois se servent d'une charrue qu'on appelle l'araire. Comme engrais pour la terre, ils utilisent de la marne, une roche argileuse.

Les Gaulois ont inventé la moissonneuse à roues, poussée par un âne, un cheval ou un bœuf !

Le grenier à foin est surélevé sur pilotis, pour éviter que les rongeurs n'y rentrent.

Certains outils,
comme les pioches,
sont en fer,
et les faucilles
et les faux sont
les mêmes
que celles utilisées
dans les campagnes
il y a 150 ans !

Les mariniers
sillonnent
les rivières
avec
leurs barques
en bois.
Elles sont tirées
par des hommes
qui avancent
le long
des berges.

Les porcs sont à demi sauvages,
ils ont un long groin et de longs poils.
On dirait des sangliers !

UN OPPIDUM

L'oppidum gaulois est un grand village fortifié : il est entouré de solides remparts en pierres, terre et bois, qui sont rehaussés par une palissade de gros pieux. L'oppidum est toujours construit dans un endroit facile à défendre, sur une colline, une île ou près d'un marécage...

Regarde les 2 tours à l'entrée de l'oppidum, et trouve les 7 différences entre elles.

Derrière la palissade, un garde s'est trompé d'uniforme. Lequel ?

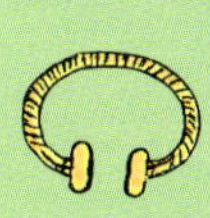

2 maisons ont chacune une maison jumelle. Lesquelles ?

Le potier a perdu 10 poteries dans l'oppidum. Peux-tu l'aider à les retrouver ?

Une fumée va dans le sens contraire des autres. Laquelle ?

Et maintenant, trouve
le petit enfant avec son chien,
le veau qui ne veut pas avancer,
la maison à 2 étages,
les enfants qui jouent aux osselets,
ceux qui se bagarrent,
la femme qui a cassé une cruche,
celle qui porte un enfant,
les hommes qui construisent
une maison,
celui qui porte du bois,
et ceux qui creusent un fossé.

Il y a aussi 9 tonneaux dans l'oppidum.

UN OPPIDUM

L'oppidum est un lieu très animé, où vivent des guerriers et leurs familles, ainsi que de nombreux artisans et commerçants. C'est un refuge en cas de guerre, mais c'est aussi un lieu de commerce et d'échanges. Dans un oppidum, il y a différents quartiers, et même une place de marché !

Pour améliorer la défense du village, on creuse quelquefois un fossé profond devant le rempart.

Les maisons sont construites en terre et en bois. Le sol est en terre battue, et le toit en paille.

Le tisserand travaille sur un métier à tisser pour faire de grandes pièces de tissu.

Le forgeron a un travail très important, il transforme les blocs de fer en objets : des armes, des outils et de nombreux ustensiles de la vie quotidienne.

Les artisans sont regroupés par profession : il y a le quartier des potiers, celui des forgerons, celui des tisserands...

LES DRUIDES

Les druides sont les prêtres gaulois : ce sont les personnages les plus importants et les plus respectés des tribus. Rien ne se décide sans leur avis. Ils se réunissent chaque année dans la forêt des Carnutes, aujourd'hui près de Chartres. Là, ils échangent leurs connaissances et leurs expériences.

Toutes les échelles ont autant de barreaux, sauf une. Laquelle?

Un personnage étrange s'est glissé dans ce grand rassemblement. Le vois-tu?

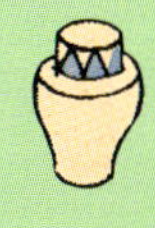

17 sangliers sont cachés dans la forêt. Retrouve-les tous.

Cherche tous les druides qui ont une serpe. Y a-t-il autant de gauchers que de droitiers ?

Il y a 2 fois 2 druides qui ont exactement la même position. Mais un petit détail de couleurs les distingue. Lequel ?

Et maintenant, trouve l'enfant avec son chien, le druide qui ramasse des herbes pour guérir, celui qui est tombé d'un arbre, celui qui enseigne à des enfants, la serpe égarée, les enfants qui ramassent des champignons, les 2 palmiers, la poule, la chèvre et les 2 écureuils.

Il y a aussi 4 tonneaux éparpillés dans la forêt.

LES DRUIDES

Les druides gaulois sont aussi guérisseurs, juges et savants ! Ils étudient le ciel et les étoiles, ils conseillent les guerriers, et ils enseignent aux plus jeunes. On ne sait pas beaucoup de choses sur leur science, car l'apprentissage se transmettait par la parole, et non par l'écrit.

Le druide est issu d'une famille noble. Il faut 20 ans pour devenir druide.

Les druides passent une grande partie de leur temps à chercher le gui : il pousse sur les chênes, mais il est très rare. Le gui est donc sacré et vénéré.

La cueillette du gui se fait selon un rite minutieux : le druide, vêtu de blanc, le coupe avec une serpe en or.

Les Gaulois adorent plus de 400 dieux. Chaque région a les siens. Le plus connu est Taranis, le dieu du ciel.

Les Gaulois croient que les sources d'eau sont des lieux sacrés et qu'elles ont un grand pouvoir. Ils jettent dedans des objets en bois comme offrande.

Le druide explique à ses élèves comment être brave, honorer les dieux… Il leur enseigne aussi la poésie et le chant.

LE BANQUET

Les Gaulois adorent
les bons repas et les fêtes !
Quand ils reviennent
de la guerre, ou même
de la chasse, ils organisent
un grand festin.
Durant ce banquet, ils vont
manger, boire et parler...
Les Gaulois sont
de grands bavards
qui aiment raconter
leurs exploits :
ils ont la réputation
d'être terriblement
vantards !

Regarde bien toute l'image, et trouve les 8 éléments bizarres.

Classe les 6 chaudrons, du plus petit au plus grand.

3 femmes ont utilisé les mêmes tissus pour leurs vêtements. Lesquelles ?

Recherche tous les enfants du village. Combien en comptes-tu ?

Retrouve les 2 jumeaux invités au banquet.

Et maintenant, trouve
l'enfant avec son chien,
celui qui se cache sous la table,
les 2 enfants dans l'arbre,
la seconde lyre du barde,
les 2 chats,
les os qui traînent,
le chaudron renversé,
la femme qui tient un enfant
par la main,
celle qui porte un panier,
et les hommes qui se battent.

Il y a également 8 tonneaux.

LE BANQUET

Les Gaulois apprécient
beaucoup les chansons.
Alors pas de banquet sans barde !
Le barde est le poète
et le musicien de la tribu,
il chante les aventures
des hommes et des dieux...
Quelquefois, durant la fête,
les Gaulois organisent
une lutte à mains nues,
des jeux d'adresse,
ou même une course de chars !

Les Gaulois
font bouillir
la viande dans
un chaudron,
ou ils la font
rôtir à la broche.

Les plats sont en terre cuite, en argent
ou en bronze. On utilise aussi des corbeilles
de bois ou de vannerie, et des écuelles en bois.
Les Gaulois mangent avec les doigts !
Ils n'ont pas de couverts, juste des couteaux
pour couper et des cuillères pour servir.

Les femmes portent une longue jupe, une tunique serrée à la taille et, éventuellement, une saie.

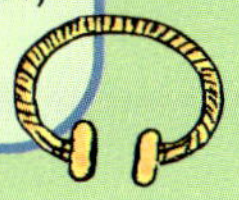

Les hommes portent des braies, un pantalon resserré aux chevilles, et une tunique. Quand il fait froid, ils se couvrent d'une saie, un manteau-cape qui s'attache avec une sorte d'épingle, la fibule.

Les tonneaux en bois servent pour le transport du vin et de la cervoise, une bière fabriquée avec de l'orge.

ALÉSIA

En 58 avant Jésus-Christ, Jules César, le chef des Romains, commence à conquérir la Gaule. Six ans plus tard, une grande partie du pays est occupée. Certains chefs gaulois, dirigés par Vercingétorix, se révoltent et continuent à se battre… Mais en 52 avant Jésus-Christ, Jules César et ses légionnaires encerclent l'oppidum d'Alésia, où se sont réfugiés Vercingétorix et son armée.

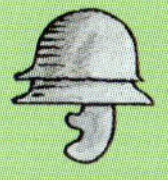

Une des tours romaines est différente des autres. Laquelle ?

Regarde les palissades, et trouve les 3 objets qui ne devraient pas être là.

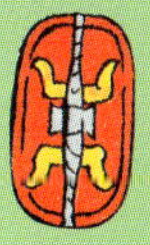

Un légionnaire, dans les rangs, s'est trompé de bouclier, et un autre marche à l'envers. Les vois-tu ?

Un Gaulois s'est infiltré parmi les Romains. Où est-il ?

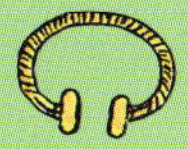

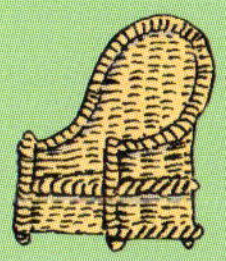

Les tentes vont 2 par 2 selon leurs couleurs. Pourras-tu reformer les paires ?

Et maintenant, trouve
l'enfant et son chien,
la fumée en forme de cœur,
le soldat romain
qui s'est trompé d'arme,
les Romains qui installent des pièges,
Jules César,
le chariot qui quitte Alésia,
le cochon perdu.

Bien sûr, il y a des tonneaux, cette fois-ci, ils sont 3.

ALÉSIA

Les Romains n'attaquent pas.
Mais les légionnaires construisent deux lignes de fortifications pour empêcher les Gaulois enfermés de sortir, ou les secours d'arriver : ils font le siège d'Alésia.
Au bout de deux mois, Vercingétorix et son armée sont obligés de se rendre, ils ont perdu.

Alésia est un oppidum situé en haut d'une colline.

Les Romains creusent des fossés et installent des pièges.
Ils plantent de gros pieux pointus qu'ils recouvrent de branchages.

Le campement romain se trouve entre deux lignes de fortification.

Le légionnaire romain porte une cuirasse en cuir, son casque de métal est quelquefois décoré d'une aigrette de plumes. Il est armé d'un poignard, d'un glaive, d'un javelot et d'un bouclier.

Le récit de la bataille d'Alésia a été raconté dans un livre écrit par Jules César, *La Guerre des Gaules*.

Les fortifications des Romains sont infranchissables. Les 250 000 Gaulois qui arrivent en renfort pour aider Vercingétorix sont massacrés, ou s'enfuient.

À LA VILLE

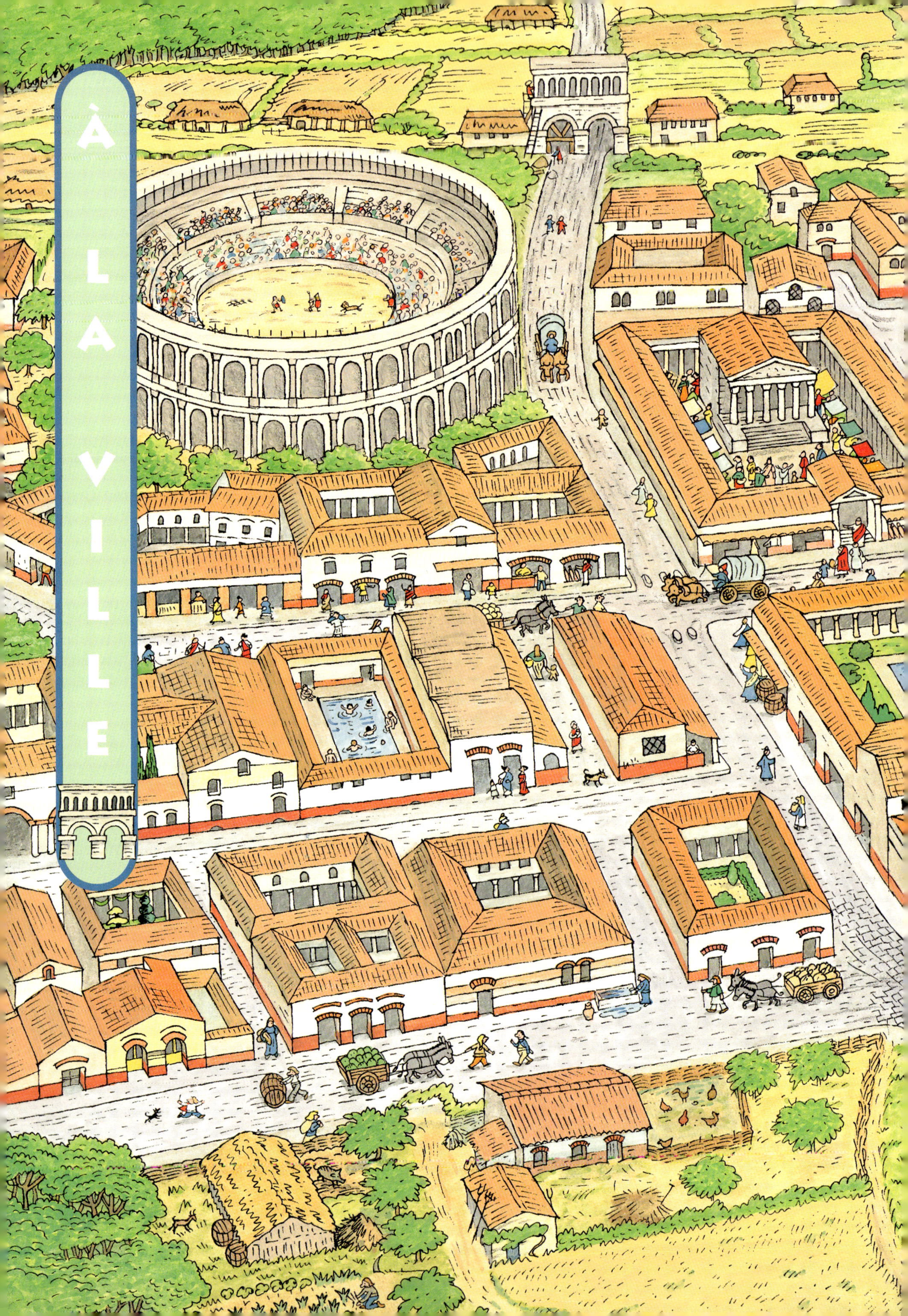

Jules César a gagné :
la Gaule est devenue
romaine.
Les Romains organisent
le pays, ils aménagent
des routes, ils créent
des villages et des villes,
ou modifient ceux
qui existent déjà.
Les architectures romaines
et gauloises se mélangent,
les villes deviennent
gallo-romaines.

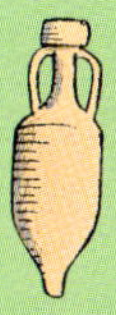

À chaque étage de l'arène,
une ouverture est différente
des autres.
Les vois-tu ?

Sur l'aqueduc aussi,
cherche les ouvertures
différentes.

Retrouve les 2 maisons
qui ont la même façade,
puis les 2 qui ont
le même jardin.

Y a-t-il plus de chariots
tirés par des bœufs,
ou plus de chariots
tirés par des ânes ?

Combien comptes-tu
de formes "triangle"
sur le petit arc de triomphe ?

Et maintenant, trouve
l'enfant avec son chien,
les 3 chantiers,
le druide qui se cache,
tous les endroits où il y a de l'eau,
les gladiateurs dans l'arène,
la place du marché,
le sanglier et la chèvre,
la femme qui porte une amphore
sur la tête,
et les maisons gauloises.

Et, pour finir, il y a 7 tonneaux.

À LA VILLE

Les Romains construisent des bâtiments qui n'existaient pas en Gaule : des théâtres, des arènes, des thermes. Les maisons évoluent, la pierre et la brique remplacent le bois et la terre.
Les Gaulois apprennent la langue des vainqueurs, le latin.
Les druides sont persécutés, et ce sont des maîtres d'école romains qui enseignent aux enfants.

Grâce à l'aqueduc, on transporte l'eau de la source jusqu'à la ville.

Les thermes sont des bains publics. Les habitants des villes y viennent pour se laver, mais aussi pour rencontrer des amis.

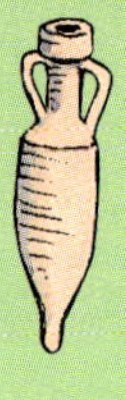

Les Romains aiment aller voir des spectacles dans l'arène : des courses de chars, des combats de gladiateurs ou du théâtre !

Dans les campagnes, l'influence romaine est moins forte que dans les villes : certains paysans continuent même à parler le gaulois.

Lyon (*Lugdunum* en latin) est la capitale de la Gaule romaine.

Les Romains construisent de grandes routes. Ce sont des voies pavées et droites qui servent avant tout au déplacement des soldats et des marchandises.

SOLUTIONS

À LA CAMPAGNE

voir dessin (A=tracteur, B=bouée, C=trottinette, D=oiseau préhistorique, E=dame 1900, F=rails, G=panneau routier) – voir dessin – non (5 porcs en liberté ; 6 porcs dans l'enclos) – 10 : porc, cheval, chien, bœuf, oiseau préhistorique, oie, canard, mouton, poule, poisson – voir dessin

UN OPPIDUM

toit / nombre de briques devant / poutres (2) / nombre de pieux / plante / position garde – voir dessin (il a une tenue Napoléon) – voir dessin – voir dessin – voir dessin

LES DRUIDES

voir dessin (échelle à 7 barreaux) – voir dessin (une sorcière) – voir dessin – non (2 gauchers ; 5 droitiers) – voir dessin (couleur cape)

LE BANQUET

poisson rouge / fenêtre dans l'arbre / chien dans le nid / cape qui se termine en rouleau de tissu / tonneau en forme de triangle / amphore embrochée / 2 serveurs qui marchent en sens inverse / sanglier à tête de rhinocéros — voir dessin — voir dessin — 18 (voir dessin) — voir dessin

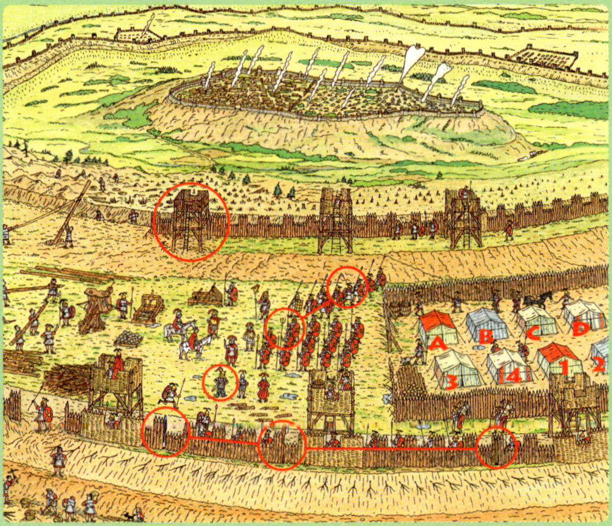

ALÉSIA

voir dessin — brosse à dents / stylo-bille / crayon (voir dessin) — voir dessin — voir dessin — voir dessin (A1, B2, C3, D4)

À LA VILLE

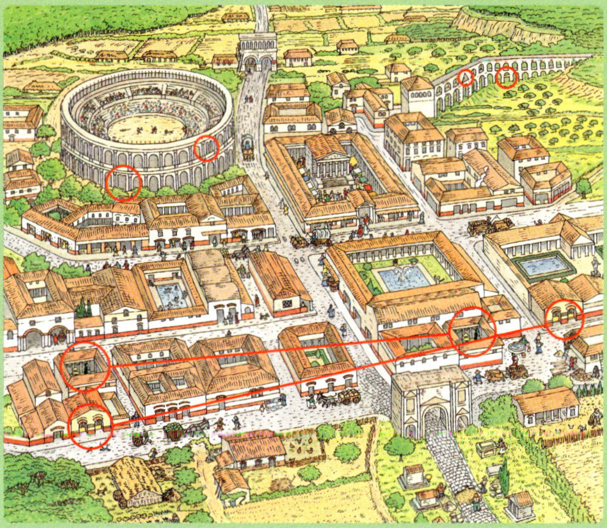

voir dessin — voir dessin — voir dessin — oui (4 chariots tirés par des bœufs ; 3 tirés par des ânes) — 9 triangles (dont 4 dans les angles)

Il y a presque 1000 ans, la France s'appelait
le royaume des Francs.
Châteaux forts et cathédrales fleurissent dans le pays.
On parle de rois, de chevaliers bien sûr,
d'artisans, de paysans...
Comment vivaient tous ces gens
qui nous ont laissé un grand patrimoine culturel ?

au Moyen Âge

AUTOUR DU CHÂTEAU

Au Moyen Âge,
il y a environ 800 ans,
un grand nombre
de châteaux forts se dressent
dans les campagnes.
Les seigneurs y habitent avec
leurs familles et leurs soldats.
Les paysans vivent dans
des villages autour des châteaux.
Ils travaillent sur les terres
du seigneur, et ils doivent
lui donner une grande partie
de leur récolte
et de leur troupeau.

Cherche bien les loups
et les brigands qui font peur
aux paysans. Compte-les.
Y a-t-il autant de loups
que de brigands ?

Les enfants aident très tôt
leurs parents dans
les champs ou à la maison.
Il y a 13 enfants
sur cette image, cherche-les.

Les paysannes lavent
le linge au pied du château.
Regarde leurs couleurs
et trouve les paires.

Vois-tu les 3 animaux
qui ne devraient pas
être là ?

Le seigneur part à la chasse.
Où est le sanglier qu'il va
essayer d'attraper ?

Et maintenant, trouve
les 2 moines, le forgeron,
le soldat égaré dans le village,
le mouton qui s'est perdu,
les 2 lapins, les ruches,
la maison qui n'est pas finie
d'être construite,
le moulin et le puits...

Où est le blason du château ?

AUTOUR DU CHÂ

Le château sert d'abri aux paysans, ils viennent s'y réfugier avec leur troupeau en cas de danger... En échange de cette protection, les paysans ont des corvées, comme entretenir les fossés, les remparts, les chemins et les forêts, couper le bois... Au Moyen Âge, la vie des paysans est difficile.

Les paysans construisent eux-mêmes leur maison : en bois, en paille et en boue séchée. Le toit est en chaume. Toute la famille vit dans une seule pièce. On y met aussi les animaux et les outils !

Le moulin est commun à tout le village. Il est construit par le seigneur qui fait payer aux paysans un droit pour l'utiliser.

TEAU

La forêt est une immense source de richesse : le miel, les glands pour les cochons, les châtaignes pour la farine, le bois...

Au centre du village, il y a une église en pierres entourée de son cimetière.

Le forgeron fabrique et répare les outils en fer.

DANS LE CHÂTEAU

Le château est
une forteresse construite
pour se défendre.
Les soldats montent la garde
sur le chemin de ronde,
en haut des remparts.
À l'intérieur, le château
ressemble à un gros village !
Une centaine de personnes
peuvent y vivre.
L'endroit le plus animé
s'appelle la basse-cour.

Combien comptes-tu
de soldats sur les remparts ?

Regarde leurs boucliers :
il y en a un qui est différent
des autres. Lequel ?

Vois-tu les trois créneaux
du château qui ont une
forme différente des autres ?

Dans la basse-cour,
retrouve le rémouleur
et son couteau,
le maréchal-ferrant,
le palefrenier et le cordonnier.

Devant les cuisines,
les pages portent les plats
jusqu'au donjon.
Deux d'entre eux
ont la même position, lesquels ?

Cherche les 10 seaux cachés
dans cette image.

Et maintenant, trouve
le seigneur qui rentre de la chasse,
la charrette des paysans, le paon,
la chèvre accrochée à son piquet,
l'homme qui a chassé un lapin,
la petite fille qui a cassé ses œufs,
l'enfant qui se croit sur un cheval,
la dame qui s'occupe de ses fleurs,
et celle qui nettoie la tête de son fils.

Vois-tu les blasons du château ?

DANS LE CHÂTEAU

Le seigneur et sa famille habitent dans la plus haute et la plus grande tour du château. On l'appelle le donjon. Impossible d'y entrer au niveau du sol, la seule porte est au premier étage. On ne peut y accéder que par une échelle ou un escalier en bois, qu'on retire en cas de danger.

Dans la cour du château, il y a toujours un puits : c'est très important de ne pas manquer d'eau !

De nombreux artisans et serviteurs travaillent au château. Les palefreniers soignent les chevaux, des femmes tissent la laine, le rémouleur aiguise les couteaux...

Les soldats vivent dans les salles froides et humides des tours.

Les pages transportent les plats jusqu'à la grande salle du donjon, en les recouvrant d'un morceau de tissu pour les empêcher de refroidir.

Les cuisines sont souvent dehors, près du donjon. Beaucoup de serviteurs y travaillent pour préparer les repas !

Le château a sa chapelle privée.

L'ATTAQUE

Le château doit être imprenable. Alors, pour venir à bout de cette forteresse, l'ennemi encercle les habitants en les empêchant de sortir, et il essaie de les affamer : il fait le siège du château. Pendant l'attaque, les soldats tentent de grimper le long des murs. Ceux du château se défendent en lançant des pierres, des flèches et de l'huile bouillante.

Il y a 5 intrus parmi les soldats. Les vois-tu ?

Sur quelle échelle, le long des remparts, y a-t-il le plus de soldats ?

Combien comptes-tu de chevaliers, assis sur leurs chevaux ?

Trouve les 2 catapultes exactement pareilles.

À côté de chaque catapulte, il y a des boulets. Un tas n'a pas le même nombre que les autres, lequel ?

Regarde les tentes de l'attaquant ; sur 2 tentes, il manque 1 couleur pour qu'elles aient toutes les 7 mêmes couleurs. Lesquelles ?

Et maintenant, trouve les ruines du village qui a brûlé, tous les blessés, celui qui a reçu une flèche dans les fesses, le coq perdu, le canard égaré, la hache qui a servi à couper les arbres, le défenseur du château qui lance une pierre, et le soldat qui court dans la forêt.

Et qu'est-il arrivé au blason ?

L'ATTAQUE

Les occupants du château ont des provisions, un puits pour l'eau, et ils peuvent tenir des mois. Pendant le siège, les soldats ennemis logent dans un campement. S'ils ne réussissent pas à s'emparer du château avant la fin de l'automne, ils lèveront le siège et s'en iront, car leurs chevaux n'auront plus rien à manger.

Le pont-levis est relevé pour que personne ne rentre. Les attaquants tentent d'enfoncer la porte avec un bélier ; c'est une énorme poutre en bois terminée par une tête en fer.

Grâce à cette tour roulante, les soldats peuvent monter sur les remparts.

On se bat avec des épées, des haches, des arbalètes. Au Moyen Âge, les armes à feu n'existent pas.

Les meurtrières sont des fenêtres très étroites, les seules ouvertures dans les murailles.

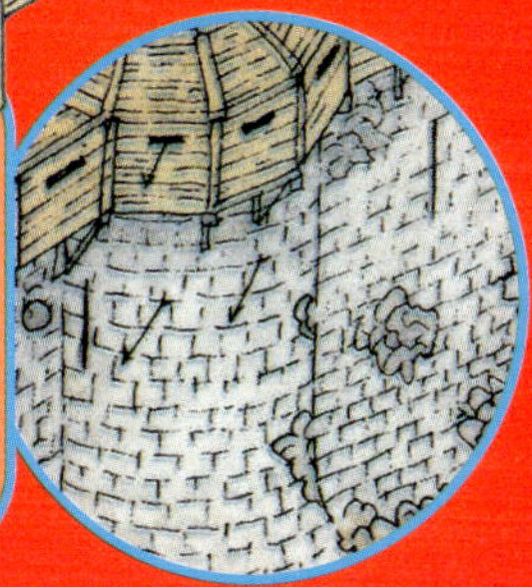

Les catapultes servent à lancer des pierres pour essayer de détruire les remparts, et assommer les soldats à l'intérieur du château.

Avec le trébuchet, on lance des pierres mais aussi des animaux morts pour répandre des maladies dans le château.

LE TOURNOI

En temps de paix,
le seigneur aime organiser
des tournois entre chevaliers.
Pour ces compétitions,
les soldats arrivent
sur leurs beaux chevaux,
accompagnés de leurs écuyers
et de leurs valets d'armes.
Le combat se déroule
sur un grand terrain, la lice.

Retrouve, pour chaque chevalier, sa tente, son cheval et son bouclier. Une tente reste toute seule, laquelle ? Où est le chevalier qui n'a ni tente ni cheval ?

Un chevalier a sa dame qui est venue l'encourager. Laquelle est-ce ?

Des gardes surveillent le tournoi. Regarde leurs lances, et trouve celle qui est différente.

Parmi les spectateurs, cherche les 4 frères. Ils se ressemblent énormément.

Un drapeau est déchiré. Lequel ?

Et maintenant, trouve
le chevalier blessé,
l'écuyer qui va tomber,
celui qui apporte à boire
et à manger aux chevaux,
les 2 enfants qui s'amusent,
les lances cassées,
tous les seaux qui servent
à faire boire les chevaux,
le spectateur qui va se désaltérer,
et le petit chien caché.

Où a été mis le blason ?

LE TOURNOI

Une des épreuves du tournoi est la joute. Deux chevaliers s'élancent au galop l'un face à l'autre. Quand un combattant est désarçonné, les trompettes retentissent et les adversaires continuent de se battre à pied, avec leur épée. Plus tard, le vainqueur recevra une récompense de la plus noble des dames et, le soir, il y aura une belle fête au château !

Lors d'une joute, les chevaliers se chargent à la lance. C'est une longue perche en bois qui peut se casser en deux sous un choc violent.

Les emblèmes qui figurent brodés sur la housse du cheval, ou peints sur le bouclier, permettent de distinguer chaque chevalier.

Le héraut annonce l'entrée des chevaliers dans le tournoi. Il est le seul qui sait les reconnaître, grâce à leur blason.

L'écuyer entretient l'équipement et les armes de son maître et, en échange, le chevalier lui apprend à combattre. À 18 ans, l'écuyer peut devenir chevalier, lors d'une cérémonie qu'on appelle l'adoubement.

Les chevaliers portent une armure très lourde et, pour se protéger la tête, ils mettent un casque fermé qu'on appelle un heaume.

Une barrière de bois sépare les chevaux des deux combattants.

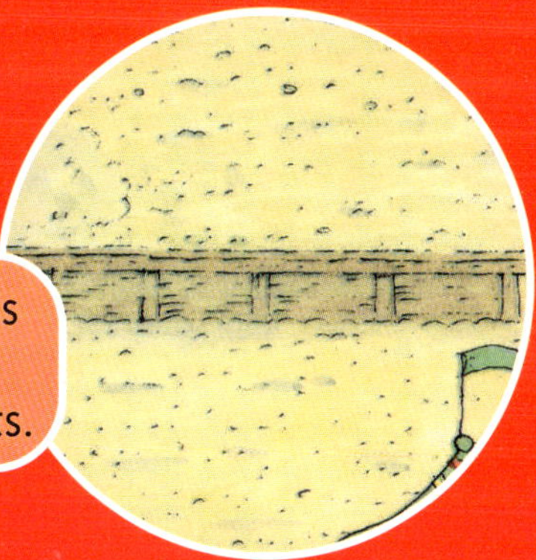

LA FÊTE AU CHÂTEAU

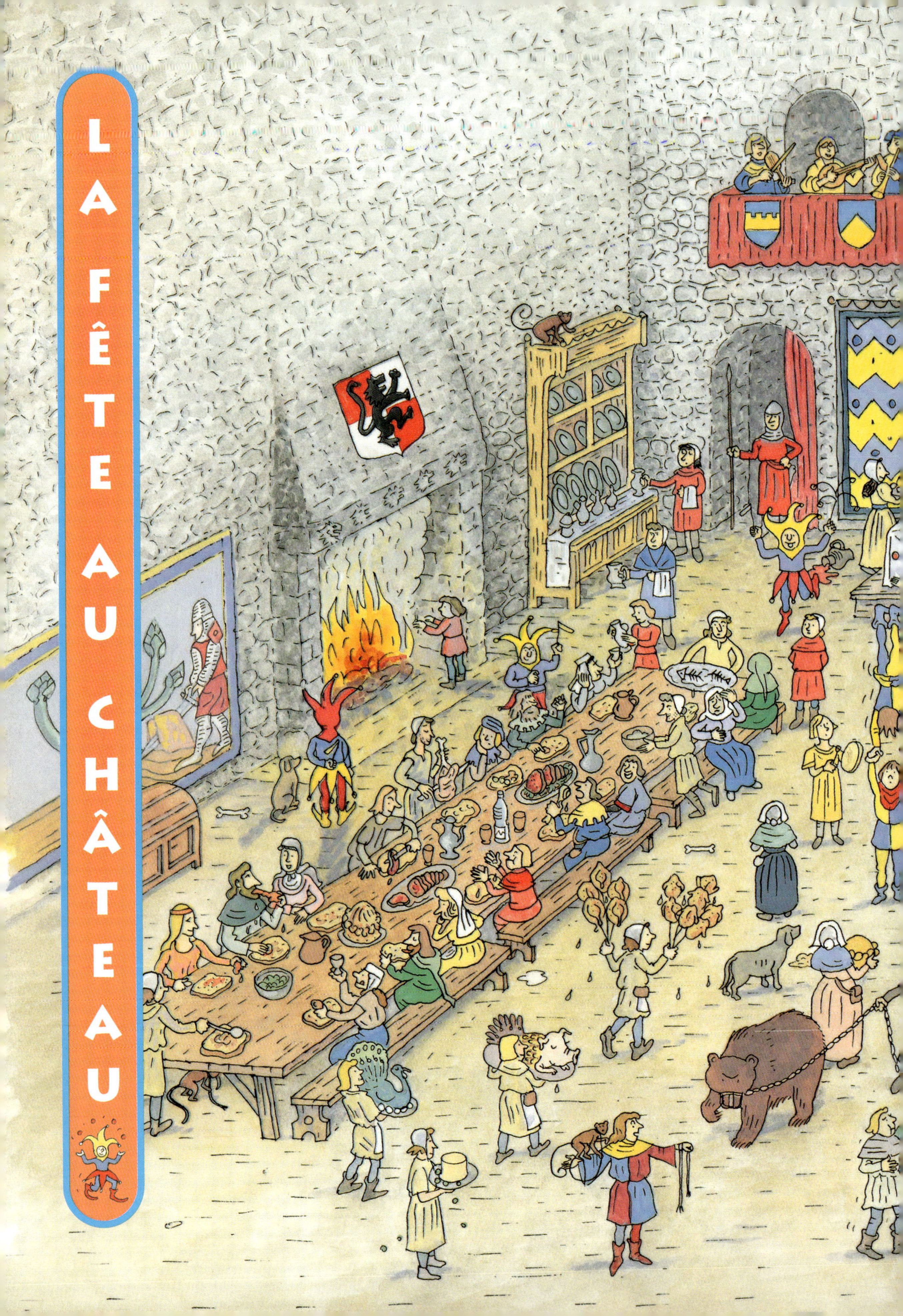

Au Moyen Âge, pas de fête
sans grand repas !
Dans la salle du château,
les serviteurs ont dressé
des tables en posant
des planches sur des tréteaux.
La table du seigneur est
recouverte d'une nappe.
Les plats arrivent des cuisines.
Pâtés, poissons, rôtis...
tout est servi
sur des tranches de pain.
Il n'y a pas de fourchettes :
on mange avec les doigts !

Regarde les 2 bouffons
qui jonglent : il y a 6 différences
entre eux.

Trouve tous les bouffons
de la fête. L'un d'entre eux
a son chapeau
d'une couleur différente
des autres. Lequel ?

Y a-t-il autant
de femmes assises
à chacune des 2 grandes tables ?

Sur chaque table, il y a
un objet qui n'existait pas
au Moyen Âge. Lequel ?

Combien de chiens
vois-tu sur cette image ?

Parmi les magnifiques plats
qui sont dans cette pièce,
deux sont exactement pareils.
Lesquels ?

Et maintenant, trouve
tous les musiciens,
les 2 musiciens jumeaux,
le plat avec des plumes de faisan,
le serviteur qui apporte les 12 poulets,
le pichet renversé,
le dresseur de singes
et les 2 singes cachés,
et l'invité qui s'est endormi.

Vois-tu le blason ?

LA FÊTE AU CHÂ

Le festin dure des heures !
Les invités mangent, rient
et admirent les différents spectacles.
Les jongleurs, les montreurs d'ours
et de singes, les bouffons
et les acrobates font leurs tours.
Des troubadours récitent des poèmes,
des musiciens jouent de la harpe,
du luth ou du tambourin.
La musique donne envie de danser
et de chanter !

Les trouvères et les troubadours sont des poètes qui se déplacent de château en château. On les appelle "troubadours" au sud de la Loire, "trouvères" ailleurs.

Les ménestrels sont des musiciens ambulants.

TEAU

Avant le repas,
les serviteurs apportent
une bassine d'eau froide
pour que les invités
se lavent les mains !

La vaisselle
est en étain
et en terre cuite,
les ustensiles
sont en bois.

Seule la soupe
est servie
dans une écuelle.
Le pain rassis,
qui sert d'assiette,
s'appelle
un tranchoir.
À la fin du repas,
on le donne
aux pauvres
ou aux chiens.

Les bouffons sont là
pour faire rire les gens.

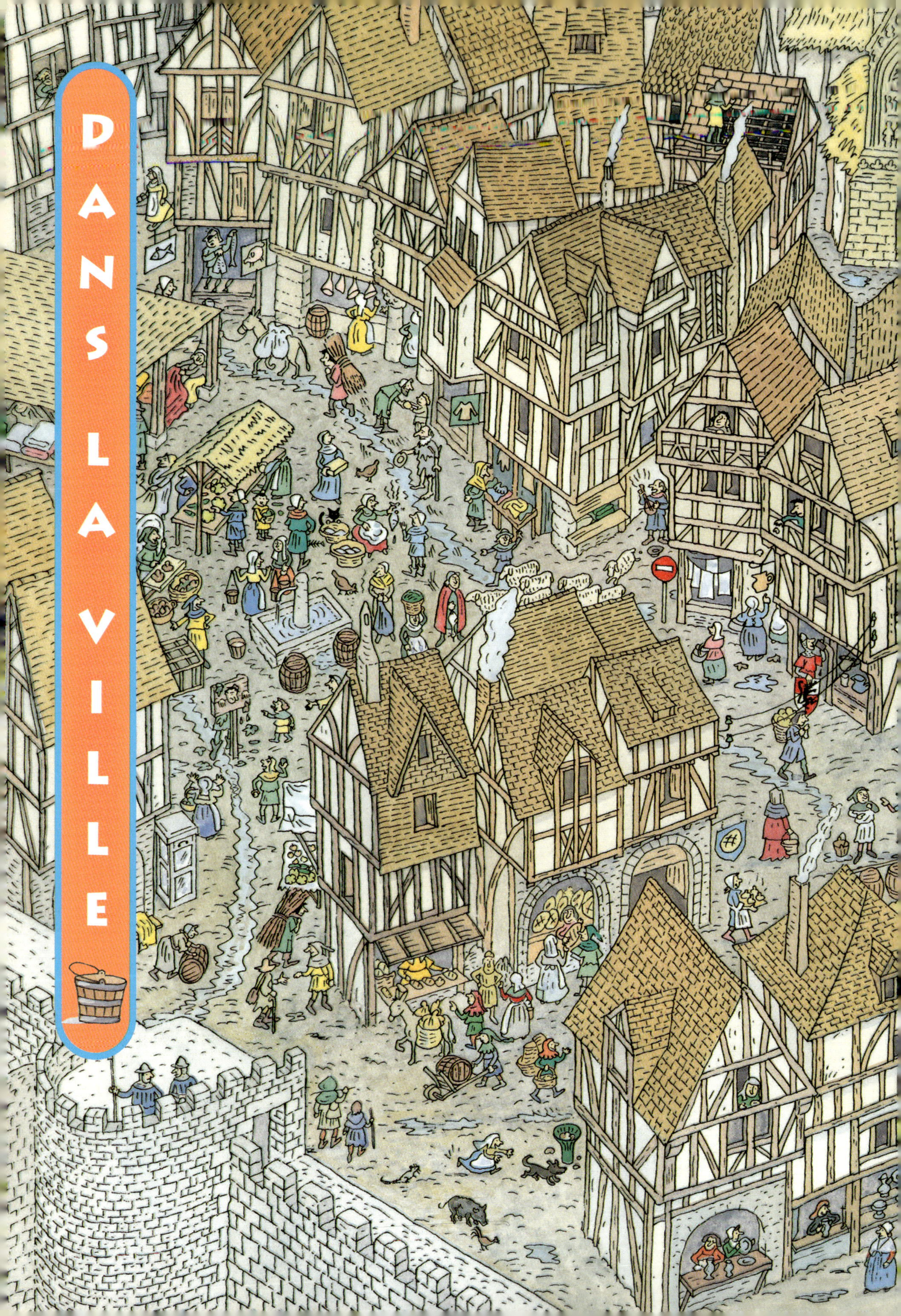
DANS LA VILLE

Au Moyen Âge, à l'intérieur des villes, les rues sont boueuses, étroites et encombrées. Ça sent mauvais, car tout le monde jette ses ordures par la fenêtre ! L'eau est rare, et il faut faire la queue tôt le matin à la fontaine pour remplir sa cruche ou son seau. La ville est entourée de remparts : des sentinelles font le guet sur les murailles et, la nuit, on ferme les portes.

Quelle pagaille dans ces rues ! Ils y a 10 sortes d'animaux qui circulent un peu partout. Les vois-tu?

Regarde les façades des maisons : quelles sont les 2 identiques ?

Combien comptes-tu de tonneaux dans les rues de cette ville ?

Regarde bien partout, et trouve les 6 choses qui n'existaient pas au Moyen Âge.

Combien d'enseignes différentes y a-t-il ? À quels artisans ou commerçants correspondent-elles ?

Cherche le seigneur sur son cheval. Où est le chevalier qui l'a accompagné à la ville ?

Et maintenant, trouve
le montreur d'ours,
les 2 personnes qui jettent un seau d'eau sale par la fenêtre,
la dame qui essaie d'attraper un chien,
les 3 personnes qui portent des fagots de bois,
le mendiant en guenilles,
le musicien,
et l'enfant qui tire la langue.

Mais où est le blason ?

DANS LA VILLE

Les artisans et les commerçants se regroupent par métier. Ils vendent leurs produits dans des échoppes qui donnent sur la rue. Les maisons sont souvent en bois et en torchis. Elles brûlent très facilement ! Elles n'ont pas de vitres, et on ferme les fenêtres avec de simples volets en bois. Les maisons n'ont ni salle de bains ni toilettes et, pour s'éclairer, on allume les chandelles !

Les voleurs sont souvent condamnés au pilori. Les passants se moquent d'eux et leur jettent des ordures !

Comme la plupart des gens ne savent pas lire, les boutiques ont des enseignes peintes qui montrent ce qu'on y vend.

Les rues sont boueuses car les eaux sales coulent au milieu de la chaussée.

Au Moyen Âge, on bâtit beaucoup de cathédrales. C'est long d'en construire une, plusieurs dizaines d'années !

Les halles couvertes existent déjà, et on peut y acheter de nombreux produits.

Les animaux domestiques circulent librement dans les rues !

SOLUTIONS

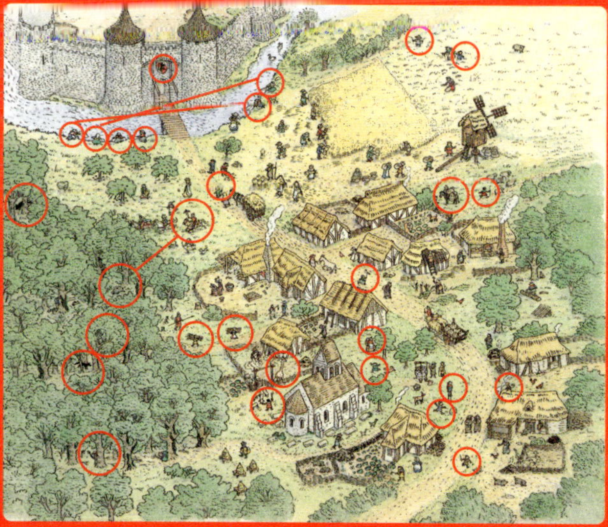

AUTOUR DU CHÂTEAU

oui (2 brigands ; 2 loups) –
voir dessin – voir dessin –
singe / zèbre / girafe – voir dessin

DANS LE CHÂTEAU

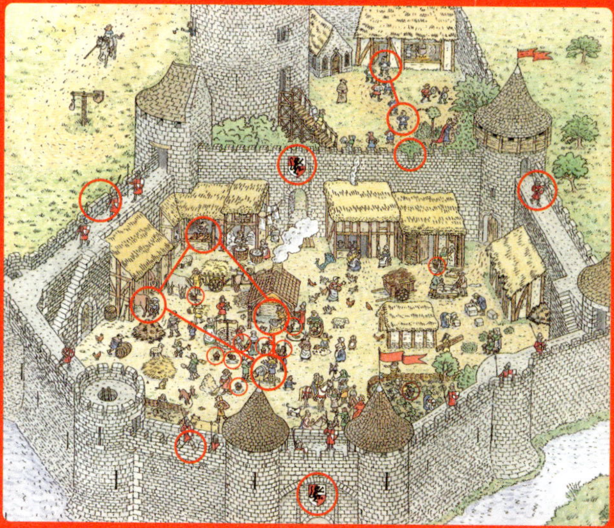

11 soldats – voir dessin –
voir dessin – voir dessin –
voir dessin – voir dessin

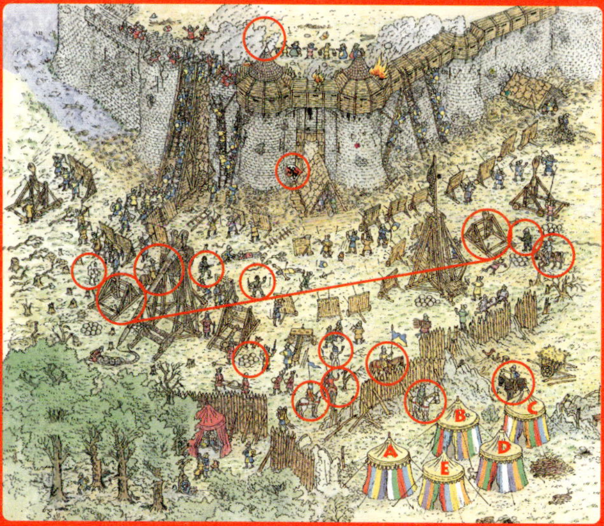

L'ATTAQUE

2 militaires / 1 cosmonaute /
1 motard / 1 pompier –
échelle roulante – 7 chevaliers –
voir dessin – voir dessin (9 boulets) –
A = orange / D = jaune

LE TOURNOI

voir dessin / tente H / voir dessin – voir dessin – 2ème en partant de la droite – voir dessin – 3ème en partant de la droite

LA FÊTE AU CHÂTEAU

nombre de balles / chaussure droite / habit / manche droite / chapeau / grelots – chapeau rouge – non (table de droite = 5 ; table de gauche = 6) – Cocotte-Minute® / bouteille plastique / cafetière – 7 chiens – voir dessin

DANS LA VILLE

rat / chien / cochon / mouton / âne / cheval / bœuf / poule-coq / chat / ours – voir dessin – 9 tonneaux – cabine téléphonique / sens interdit / parabole / passage piéton / fil électrique / poubelle – 9 enseignes : poissonnier / charcutier / marchand de vêtements / taverne / cordonnier / sabotier / tisserand / potier / boulanger

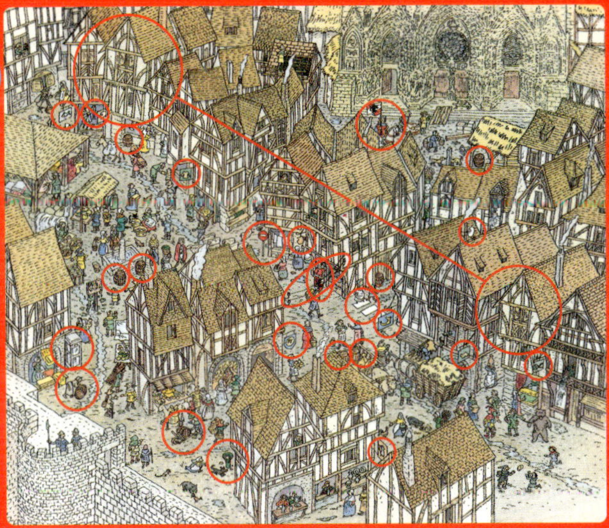